DES DROITS

DES DEVOIRS ET DES CONSTITUTIONS

AU POINT DE VUE

DE LA DOCTRINE FUSIONIENNE

PRÉCÉDÉ

D'UN EXAMEN CRITIQUE DES DIFFÉRENTES THÉORIES

SUR CE SUJET.

PAR A. GUYARD.

PARIS.

CHEZ
DENTU, AU PALAIS NATIONAL.
MICHEL LÉVY, RUE VIVIENNE, 1.
MANSUT, PLACE SAINT-ANDRÉ-DES-ARTS, 30.
Mᵐᵉ SALVERT, RUE DE BAGNEUX, 9.

1848.

Paris.—Imp. de Pommeret et Moreau, quai des Grands-Augustins, 17.

A l'Assemblée constituante.

DES DROITS

DES DEVOIRS ET DES CONSTITUTIONS

AU POINT DE VUE

DE LA DOCTRINE FUSIONIENNE.

———◦◦◦———

§ I.

Qu'est-ce qu'une constitution ?

Dans le sens le plus général, une constitution est l'ensemble des lois fondamentales qui régissent l'homme en société.

Mais, pour régir l'homme en société, il est essentiel de connaître d'abord dans quel but la société existe.

Quel est donc le but de la société ?

Les hommes s'uniraient-ils entre eux pour avoir une existence moins garantie et plus misérable qu'à l'état d'isolement? S'il en était ainsi, la société serait un mal et non un bien, et les constitutions n'auraient d'autre objet que de parquer les hommes en troupeaux de bétail dont chacun, comme le dit Rousseau, aurait son maître pour le dévorer.

Or, la nature humaine aspirant invinciblement après le bonheur, il n'est pas possible que les hommes se *rapprochent* et s'*unissent* à dessein d'être malheureux. L'*association* a donc pour but de procurer plus efficacement à l'homme les satisfactions dont il a besoin, et les lois qui la régissent ne peuvent pas être faites dans une autre intention.

Toute constitution, d'après cela, doit se proposer nécessairement le bonheur de la société, et ne saurait être légitime et respectable qu'à cette condition.

Mais, pour qu'une constitution puisse réaliser le bonheur social, il faut qu'elle soit conforme à la destinée de l'homme; autrement elle serait un obstacle à son développement et le détruirait.

La première science du législateur doit être, par conséquent, la science de la *destinée humaine*.

1

En effet, l'homme n'existe que pour sa fin. Toute l'économie de son être, les fonctions de ses organes, les opérations de sa vie n'ont pas d'autre objet que l'accomplissement de sa destinée. Connaître cette destinée, c'est donc savoir quel objet l'homme doit réaliser et ce qui lui manque pour cette réalisation.

Quelle raison aurait l'homme d'agir dans la vie s'il n'avait point de but? Est-il possible de concevoir un mouvement sans direction, une activité sans résultat? Tout ce qui change, tout ce qui se modifie doit tendre nécessairement ou vers la réalisation de plus en plus grande de l'être, ou vers le néant. Entre ces deux termes, il n'y a point de milieu.

Or, l'homme tend-il vers le néant?

Évidemment non, puisqu'il grandit, se développe et se perpétue dans la vie par voie de génération, ce qui est l'épanouissement progressif de lui-même.

L'homme tend donc vers la réalisation de plus en plus grande de l'être.

Mais, comme il n'y a qu'un seul être, l'être universel, infini et éternel, l'être universel est le but final de l'homme, le seul digne de la toute-puissance de Dieu et de la sublimité de notre origine.

Au reste, la destinée d'un être intelligent se connaît et se mesure par les besoins et les aspirations de cet être.

Ainsi, les besoins et les aspirations de l'homme étant infinis, sa destinée doit être nécessairement infinie; différemment, si le but final était limité quand les désirs de l'homme sont sans limites, il arriverait un instant où, les désirs survivant au but final, l'homme resterait avec des désirs infinis dont aucun n'aurait plus d'objet, ce qui le rendrait éternellement malheureux.

Puisque l'homme préfère la toute-connaissance à une connaissance restreinte, un amour sans borne à un amour borné, la toute-puissance à une puissance qui a des limites, la liberté absolue à une liberté relative, en un mot la souveraine félicité à une félicité incomplète, c'est qu'il est fait pour tout cela.

Mais à quelle condition ?

A la condition de réaliser l'être universel ; car il n'y a que l'être universel, l'être illimité, qui puisse absolument répondre à la grandeur des aspirations de l'homme.

La destinée humaine consiste donc dans la plénitude de l'être, résultant de l'UNIVERSALISATION de l'individu.

De la connaissance de cette sublime destinée découle la véritable théorie *du droit et du devoir*, et c'est sur ce principe *naturel*, *absolu* et *immuable* de l'universalisation que doit reposer la constitution sociale. Tout autre principe est manifestement incapable de conduire l'homme à l'accomplissement de sa destinée, et par conséquent au bonheur (1).

On aura la preuve de cette vérité dans l'examen que nous allons faire des divers systèmes sur le *droit* et le *devoir* qui ont pu se produire jusqu'ici.

§ II.

Les théories qui résolvent, à des points de vue différents, la question des *droits* et des *devoirs* se réduisent aux quatre suivantes :

1º La théorie du *droit pur* à l'exclusion du *devoir ;*

2º La théorie des *droits* et des *devoirs alternatifs ;*

3º La théorie du *devoir pur* à l'exclusion du *droit ;*

4º La théorie de l'*universalisation* ou des *droits* et des *devoirs simultanés.*

Ces quatre théories ont toutes pour but le bonheur de l'homme, mais entendu diversement. Toutes aussi diffèrent quant au mobile ou principe déterminant dans la réalisation de la félicité humaine.

La première théorie a pour mobile ou principe déterminant l'AMOUR DE SOI EN SOI ou l'ÉGOÏSME EXCLUSIF.

La seconde a pour mobile l'AMOUR DE SOI AVEC LES AUTRES ou l'ÉGOÏSME RELATIF.

La troisième, expression de deux doctrines distinctes,

(1) Les *droits* et les *devoirs* qui découlent d'un principe relatif et muable sont *arbitraires, injustes, faux*, et la constitution basée sur un pareil principe est une constitution mauvaise et toujours grosse de révolutions.

le *mysticisme* et le *catholicisme*, a pour principe déterminant, savoir :

Dans la doctrine mystique : l'ABSTRACTION DE SOI ET DES
AUTRES OU L'ÉGOÏSME NÉGATIF.

Dans la doctrine catholique : l'AMOUR DES AUTRES POUR SOI
OU L'ÉGOÏSME POSITIF.

Enfin la quatrième, qui comprend les trois autres, a pour
mobile : l'AMOUR DES AUTRES EN SOI et l'AMOUR DE SOI DANS
LES AUTRES OU L'ÉGOÏSME UNIVERSALISATIF (1).

I. — THÉORIE DU DROIT PUR A L'EXCLUSION DU DEVOIR.

Dans cette théorie, où l'homme part du principe de
l'amour de soi en soi, c'est-à-dire de l'égoïsme *exclusif,*
chaque individu se considérant d'une manière isolée et n'ai-
mant que lui-même, n'éprouve aucune espèce de sympa-
thie pour les autres. Son objet, c'est d'être heureux isolément en écartant de lui tout ce qui peut opposer le moindre
obstacle à son bonheur. Le *droit,* pour lui qui ne reconnaît
aucun devoir, consiste à n'admettre d'autre limite à ses
besoins, à ses désirs, à ses passions que l'impossibilité de
les satisfaire. Tout être dont l'activité le gêne est un ennemi
qu'il faut détruire; tout individu, au contraire, dont il peut
tirer parti, est une force qu'il faut subjuguer.

Quelle considération pourrait déterminer l'homme dont
la pensée repousse le *devoir* à faire des concessions à ses
semblables? N'a-t-il pas le *droit* de jouir, d'être heureux?
Et pourquoi suspendrait-il l'exercice de son droit en faveur d'autrui? Une pareille suspension supposerait qu'il

(1) Telle est l'histoire de l'amour humain. L'homme *s'aime* d'abord *exclusivement lui-même* ; mais il sent bientôt que le bonheur ne peut résulter
pour lui de cet égoïsme *exclusif.* Alors il essaie d'aimer les *autres avec lui* et
l'*égoïsme relatif* ne le rendant pas plus heureux, il n'aime *ni lui ni les autres,
et s'absorbe tout entier en Dieu.* Cet *égoïsme négatif* le détruirait s'il ne s'aper-
cevait bientôt de son erreur. C'est alors qu'il expérimente l'*amour des autres
à son profit.* Cette expérience de l'égoïsme *positif* ne saurait non plus satisfaire son cœur ; mais elle le conduit à l'*amour des autres dans lui-même* et à
l'*amour de lui-même dans les autres,* ou à l'égoïsme *universalisatif,* seule et véri-
ble source du bonheur pour l'homme.

reconnaît la légitimité d'un droit en dehors du sien propre et constituerait aussitôt pour lui un *devoir*.

Mais le devoir, il le regarde comme incompatible avec son *droit;* car celui qui se dirige en vertu du principe de l'*amour de soi en soi* se concentre tout entier dans son corps et fait tout rapporter à lui-même. Croyant vivre en lui uniquement, c'est exclusivement lui qu'il cherche à satisfaire, et non les autres.

Au surplus, quelle raison aurait-il de se dévouer au prochain, si le prochain est un être séparé de lui? Dès que l'humanité est considérée comme une agglomération d'individualités isolées par leur existence particulière, dès qu'il y a solution de continuité entre les hommes par l'absence de solidarité de nature, le dévouement n'a plus de raison d'être, et chacun ayant intérêt à être heureux sans discontinuité, doit tout faire pour s'assurer la perpétuité du bonheur.

Mais toutes les individualités du corps social se trouvant dans les mêmes dispositions les unes par rapport aux autres, et personne ne voulant rien retrancher de ses prétentions, il s'ensuit que chacun est nécessairement l'ennemi de tous les membres de la société.

De là, lutte de tous contre tous et ruine de tous par tous.

Tel est le résultat de l'égoïsme exclusif.

Un pareil système, si l'application en était possible, ferait de la société humaine un troupeau de bêtes féroces sans cesse occupées à s'entre-dévorer.

II. — THÉORIE DES DROITS ET DES DEVOIRS ALTERNATIFS.

Ici, l'individu agissant sous l'influence de *l'amour de soi avec les autres*, se considère bien encore d'une manière isolée, mais reconnaissant l'impossibilité d'absorber dans son *droit* le *droit* des autres, et voyant d'ailleurs qu'il ne peut satisfaire ses désirs et ses besoins sans le secours de ses semblables, il consent à restreindre ses exigences pour s'assurer la propriété des satisfactions dont il peut jouir. En sorte que, dans un intérêt mieux entendu, il fait des concessions pour qu'on lui en fasse; il donne pour recevoir, d'où résulte le *contrat social*.

Dans cette théorie, comme dans la théorie précédente, le but de l'individu est également d'être heureux, mais en se renfermant dans les limites de la loi. Pour lui, il n'y a réellement de crimes et de mal que dans la violation du contrat social, mesure positive de son *droit*, à défaut de la connaissance de sa destinée.

Quant à son *devoir*, il résulte à la fois et du *droit* de tous à la satisfaction de leurs besoins, et de l'impossibilité pour la société de satisfaire en même temps la totalité des exigences individuelles.

Tous les droits, en dehors de la législation absolue, ne pouvant s'exercer simultanément, il faut qu'il y ait alternance, c'est-à-dire suspension du droit pour ceux-ci, pendant qu'il est exercé par ceux-là.

Le même individu ne saurait se placer, en face de la société, dans la condition de toujours recevoir sans jamais rien donner; il est obligé, à moins de violer le contrat social, de respecter chez autrui les prétentions qu'il veut qu'on respecte chez lui-même.

Le devoir naît donc ici du *respect du droit de chacun par tous*, et *du respect du droit de tous par chacun*.

Mais il arrive à chaque instant, au milieu de nos inégalités sociales, que les droits individuels se heurtent et se froissent par l'impossibilité de satisfaire à la fois une multitude de besoins simultanés, divers ou identiques. D'un autre côté, le bonheur étant un besoin naturel et impérieux de l'homme, celui-ci regarde comme un *droit* imprescriptible la faculté d'être heureux. Il veut jouir le plus possible et le plus longtemps possible, car nul ne se complaît dans la privation et la douleur.

Or, dans cette théorie, l'exercice du *droit* donnant seul à l'homme les satisfactions qu'il désire, et l'accomplissement du *devoir*, au contraire, lui imposant la privation et le sacrifice, il est évident que l'individu sera naturellement porté à préférer l'exercice du *droit* à l'accomplissement du *devoir*.

Chacun s'efforcera donc d'échapper constamment au *devoir* et de s'établir dans la continuité du *droit*.

Cette disposition naturelle des individus conduirait infailliblement aux résultats de la théorie *du droit pur*, s'il n'existait pas des *lois pénales* pour faire respecter le *contrat social* en obligeant à la pratique du *devoir*.

Certes, dès que les partisans des *droits* et des *devoirs alternatifs* fondent leur théorie sur le droit au *bonheur*, et que c'est uniquement par le *droit* de satisfaire ses besoins que l'homme peut être heureux, on ne saurait supposer que l'individu renonce avec plaisir un seul instant à ses droits, pour se soumettre volontairement au devoir. Au contraire, aspirant de plus en plus au bien-être et ne pouvant le réaliser que dans le plein et entier exercice de son droit, il fera tout son possible pour se soustraire au devoir, parce que, dans l'état actuel de nos législations, il y a incompatibilité entre l'un et l'autre. L'homme, sachez-le bien, est un être essentiellement logique, et tôt ou tard il déduit rigoureusement les conséquences des choses. Si vous proclamez la légitimité du *droit* parce que le *droit* dérive des besoins imposés par Dieu à la nature humaine, et si vous ne révélez pas en même temps la véritable loi de solidarité, l'individu, au nom de son droit, demandera satisfaction, tant qu'il y aura chez lui un besoin ou un caprice à satisfaire. Vous aurez beau préconiser l'utilité du devoir et chercher à le justifier, il n'en sera pas moins considéré, par celui qui l'accomplit, comme la suspension de son droit et une sujétion plus ou moins douloureuse. Et alors que devient le droit au bonheur, puisque le devoir l'annulle?

Dira-t-on que le devoir est la garantie indispensable du *droit*, et qu'il n'y aurait aucun droit de satisfait pour personne si nul ne voulait se soumettre au devoir? Prenons garde de soutenir une pareille thèse, car ce serait accuser Dieu d'avoir refusé à l'homme les satisfactions dont il a mis le besoin impérieux au fond de sa nature. Dieu, souveraine sagesse et souveraine bonté, ne peut pas exiger la fin sans donner les moyens. Or, ayant voulu que l'homme aimât sans discontinuation le bien-être, il ne pouvait pas en même temps lui rendre impossible, par le devoir, la satisfaction d'un besoin auquel il le soumettait irrésistiblement.

Au reste, ou le mot *droit* signifie quelque chose, ou il ne signifie rien du tout. S'il est vraiment la légitimité des satisfactions nécessaires à l'homme pour *vivre*, *se développer*, *être heureux*, il doit se trouver tellement inhérent à la nature humaine, qu'il soit impossible de le suspendre sans détruire l'homme dans la proportion du degré de suppression du droit.

Par exemple, l'homme a besoin de respirer, de boire, de manger, de se garantir contre l'intempérie des saisons ; eh bien ! si c'est là son *droit*, il ne saurait l'aliéner en faveur d'un autre sans périr ou sans se détériorer dans la mesure de cette aliénation. Ainsi, pour vivre à l'état sain, chaque individu doit respirer de huit à dix mètres cubes d'air par heure, s'il n'en respire que deux mètres cubes au plus, comme la grande majorité du peuple, il est clair qu'il s'asphyxiera tous les jours d'une certaine quantité.

De même, nul ne peut se passer de boire, de manger ; or, si les aliments sont insuffisants ou de mauvaise qualité, l'homme dépérit et meurt avant son heure.

La même chose arrive à celui qui n'a ni vêtement, ni feu pendant la saison des froids, ou qui s'épuise à un travail au-dessus de ses forces pour gagner le pain quotidien de sa famille.

Lors donc que les lois et la société font un devoir au pauvre de respecter chez les riches le droit de jouir largement de toutes les douceurs de la vie, quand lui-même ne connaît que les privations et la misère, il est évident que le *devoir* auquel il se soumet est ici la négation de son *droit*, preuve bien irrécusable de l'erreur d'un pareil système.

Le devoir ne peut pas être le contraire du droit, car, étant *obligatoire*, il est encore plus continu que le droit, dont l'exercice dans notre législation artificielle est purement facultatif. Or, si le devoir était le contraire du droit, il annulerait celui-ci chez le même sujet comme le droit y annulerait en même temps le devoir. Cela est évident, mais cela est absurde.

Puisque le droit autorise l'individu à jouir, à être heureux, à disposer des biens de la terre donnés par Dieu à l'espèce humaine pour la satisfaction des besoins, le *devoir* ne saurait commander à l'homme de respecter le superflu des ces biens chez les autres, quand il manque lui-même du nécessaire. Et cependant, esclave du devoir dans notre société égoïste, l'individu est obligé, en présence des choses dont la privation le rend malheureux et le tue, de s'en interdire l'usage, parce qu'elles ne sont pas à lui, quoique ces choses soient en abondance, disponibles et périclitent entre les mains de leurs possesseurs.

Ainsi, le pauvre voit partout des logements vides, et il est quelquefois réduit à coucher dans la rue ; il voit partout des magasins remplis de vêtements, et il est à moitié nu ou couvert de haillons ; les chantiers sont pleins de bois, et il grelotte de froid l'hiver dans sa mansarde ; à chaque pas il rencontre des boulangers, des épiciers, des magasins encombrés de comestibles de toutes sortes, et son devoir lui fait une loi cruelle de souffrir de la faim devant les objets propres à la satisfaire.

Si le droit ne dérive point d'une convention factice et arbitraire, s'il a réellement son origine dans les besoins de la nature humaine, il est indélébile, inaliénable comme la faculté de respirer, de manger, de boire, de penser, et nul n'est autorisé à en demander la restriction chez personne. Tous les hommes, dans ce cas, sont nés avec le même droit, parce qu'ils ont tous une nature identique recélant au fond les mêmes besoins, pour réaliser une même destinée.

Comment supposer que Dieu se soit plu à créer, dans l'humanité, des castes diverses dont les unes seraient condamnées à la privation de la liberté et du bonheur, afin que les autres fussent d'autant plus libres et plus heureuses ? Certes, s'il en était ainsi, il faudrait effacer de notre constitution cette formule sainte : *Liberté, égalité, fraternité*, et inscrire à sa place que les hommes inégaux en nature, inégaux en destinée, sont faits les uns pour dominer et jouir, les autres pour souffrir et être esclaves.

Telles sont, au point de vue de l'*individualisme*, les conséquences qui résultent de l'examen de la théorie des droits et des devoirs alternatifs. Le dilemme, comme on le voit, est bien simple : ou tous les hommes sont d'une nature identique et ont une même destinée, ou ils ont une nature et une destinée différentes.

Dans le premier cas, tous sont égaux, tous ont le même droit, et nul n'est obligé de faire par condescendance le sacrifice de son bonheur à autrui. Le *droit* est de possession naturelle et immuable; le *devoir* est de convention et muable. Jamais l'individu ne peut perdre son droit; le *devoir*, au contraire, n'étant consenti qu'en vue d'une satisfaction plus efficace, réclamée par les besoins de l'homme, chacun est juge de son intérêt et libre de poursuivre, comme il l'entend, la réalisation de son bonheur.

Que doit-il sortir d'une pareille théorie? Pas autre chose que l'égoïsme cherchant à se perpétuer dans la plénitude de son droit sans aucun souci du droit des autres. Chacun faisant de même, on conçoit très-bien que si la législation ne réglait pas les droits et les devoirs d'une manière générale, il n'y aurait pas de société possible.

Mais la législation réglant les droits et les devoirs, parce que l'exercice libre du droit naturel avec l'individualisme est impossible, il n'y a donc plus qu'un *droit artificiel* et *convenu* comme *le devoir*. Dès lors le droit législatif n'étant point conforme au droit naturel, il doit y avoir nécessairement une foule de cas où la nature humaine se trouve lésée par la loi, une foule de cas où l'homme s'ingénie pour échapper au *contrat social*. De sorte que le résultat final de tout ceci, c'est d'engendrer, avec la lutte intestine de chaque jour, les délits et les lois pénales.

Supposerons-nous maintenant le cas où les hommes auraient une nature et une destinée différentes? Nous l'avons déjà dit, chacun alors ayant des droits particuliers, il y aurait dans la société une inégalité de position naturelle qui constituerait à perpétuité les uns dans le privilége et les autres dans la servitude. Or cette inégalité de nature est manifestement contredite par l'ardeur incessante que les hommes mettent à dominer les uns sur les autres.

La théorie du *droit* et du *devoir alternatifs* renferme donc en soi une triple source de mal pour l'humanité.

Premièrement, elle introduit une douloureuse intermittence dans la satisfaction des besoins de l'homme, par la continuelle obligation où il se trouve de céder aux autres une part des jouissances nécessaires à son bonheur; ce qui est une contradiction évidente entre les exigences infinies de la nature humaine et la loi sociale restreignant le *droit* de jouir, contradiction qui implique nécessairement ou l'erreur du législateur, ou l'imprévoyance de Dieu ayant créé l'homme pour une fin qu'il ne pourrait jamais atteindre.

Secondement, cette théorie excite l'émulation dans tous les genres de ruses, d'hypocrisies et d'injustices, par la raison que l'homme désire constamment s'affranchir du *devoir*, y soumettre les autres et se perpétuer dans l'exercice du droit, qui seul promet satisfaction à ses besoins.

Troisièmement enfin, elle donne naissance aux lois pénales nécessaires pour contraindre l'homme à un devoir qui lui répugne, et crée ainsi un obstacle de plus au bonheur social.

En résumé, la théorie *du droit et du devoir alternatifs* est radicalement mauvaise, puisqu'elle implique deux actions en sens contraire par l'opposition naturelle qui existe entre le *droit* et le *devoir*. Elle constitue en outre, dans la société, deux classes de personnes : l'une qui exige et commande, l'autre qui cède et obéit. Enfin elle consacre l'égoïsme, la lutte, les révolutions, l'exploitation de l'homme par l'homme et la coërcition des lois pénales, toutes choses qui sont loin de concourir à la félicité humaine.

Tel est en somme le résultat de l'égoïsme relatif.

Sans doute un pareil système est moins désastreux que celui du droit pur, puisque les sociétés humaines ont pu jusqu'ici fonctionner et fonctionneront probablement encore longtemps d'après la législation qui en découle. Toutefois, il suffit qu'il puisse engendrer un état social aussi malheureux que celui dans lequel nous vivons aujourd'hui, pour qu'on doive le repousser (1).

III. — Théorie du devoir pur a l'exclusion du droit.

Les mystiques et les catholiques sont beaucoup plus logiques que les partisans de la théorie précédente, en déclarant que l'homme n'est point fait pour être heureux sur la terre. Voyant le mal partout et ne connaissant aucun moyen d'en délivrer l'espèce humaine, ils en ont conclu, avec la tradition du passé, que l'homme créé primitivement dans la perfection était tombé par sa faute dans l'imperfection, et que c'était là ce qui s'opposait à son bonheur en ce monde.

Néanmoins, disent-ils, la chute d'Adam n'ayant point changé la nature humaine, il a dû rester chez l'homme, malgré son péché, le besoin de ressaisir le bien qu'il a perdu, et voilà pourquoi il aspire invinciblement après le bonheur qui était son état primitif.

Mais le bonheur, selon les mystiques et les catholiques, n'étant possible que par l'expiation de la faute originelle, l'homme a besoin de rédemption et de réhabilitation. C'est un coupable qui doit travailler à mériter la miséricorde divine par le sacrifice et l'épuration de lui-même. Il lui est défendu d'aspirer à la félicité en ce monde, parce qu'il est l'enfant du péché. Prétendre jouir du bonheur ici-bas, serait même faire une addition à la souillure originelle, et il doit renoncer à cette prétention. La terre, dans la croyance des mystiques et des catholiques, n'est qu'un lieu d'exil et de mortifications. C'est la vallée de larmes et de misères, où l'homme est condamné à manger le pain de chaque jour à la sueur de son front. Il n'y a pour lui de bonheur possible

(1) Le journal *le Bien public*, rédigé avec beaucoup de talent par M. Eugène Pelletan sous l'illustre patronage de M. de Lamartine, contient une critique fort juste du projet de constitution, qui repose, comme on sait, sur la *théorie du droit et du devoir alternatifs*. (Voir les numéros des 21 et 22 juin).

Ce journal pose le *bonheur* comme *but* de l'humanité, et il définit le *progrès*, l'*accroissement de vie* ou le *moyen* de réaliser le bonheur.

Cette doctrine se rapproche beaucoup de celle que nous allons développer tout à l'heure.

que dans l'autre vie, et c'est par le renoncement à toutes les séductions du monde, et par une pénitence sévère et continue, qu'il peut se rendre digne de le posséder.

Dans ce système, le bonheur terrestre n'est plus un *droit* pour l'homme, puisqu'il lui est commandé d'y renoncer. Le but de la vie étant uniquement le *rachat* par la souffrance et l'expiation, il y a obligation capitale pour l'individu de se racheter, sous peine de s'exposer à la privation des biens éternels (1). Au lieu de *droit*, l'homme n'a donc qu'un *devoir*, c'est de mépriser la terre pour gagner le ciel.

La doctrine mystique surtout, dont le mobile est l'*égoïsme négatif*, sollicitant l'homme à se détacher complétement du monde et de lui-même pour s'absorber en Dieu, n'est guère propre qu'à faire des chartreux, des trappistes et des solitaires du désert. Une pareille doctrine est évidemment antisociale, et si elle pouvait prévaloir, elle amènerait infailliblement le suicide général de l'humanité.

Ainsi les deux extrêmes, l'*égoïsme exclusif* et l'*égoïsme négatif*, conduisent au même résultat : la ruine de la société.

Quant à la doctrine catholique, quoiqu'elle fasse également à l'homme un devoir de se détacher du monde et de lui-même, elle diffère cependant du *mysticisme* en ce qu'elle est moins sévère dans ses prescriptions. Pour le catholique : *il est avec le ciel des accommodements.* Son *devoir* est de se racheter, riche, par l'aumône; pauvre, par la résignation. Au riche il faut des pauvres pour exercer sa

(1) Si les catholiques prétendaient que l'homme se trouve racheté par le baptême qui efface le péché originel et tous les autres péchés, nous leur demanderions pourquoi l'ignorance, la concupiscence, les infirmités corporelles et spirituelles et la nécessité de mourir, qui sont des suites du péché originel, existent encore après le baptême. Si le baptême avait réellement la vertu qu'on lui attribue, l'homme, après avoir été baptisé, devrait être remis dans l'état où il était avant la chute d'Adam. Cette conséquence est logique. Mais les théologiens, qui se soucient fort peu de raisonner juste, répondent « que c'est parce que Dieu ne l'a pas voulu ; que d'ailleurs c'est « pour que l'homme se ressouvienne d'où il est tombé et afin que cette « terre soit pour lui un lieu d'exil ; qu'il y vive dans l'humiliation et dans « la crainte, et que ces assujettissements, devenus naturels depuis le péché, « soient un exercice continuel à sa vertu. » (J. Colbert, évêque de Montpellier.) Au surplus, cette réponse confirme entièrement notre assertion.

charité; au pauvre il faut des riches pour éprouver son humilité. L'un et l'autre se font valoir réciproquement en étant, l'un pour l'autre, une occasion de mérite aux yeux de Dieu.

Il est bien vrai que l'opulent n'éprouve point les privations du nécessiteux, et que celui-ci ne goûte point les plaisirs des gens riches; mais qu'importe? N'est-il pas convenu que le bonheur n'existe point sur la terre; que la fortune, non seulement ne rend pas heureux, mais peut encore être une cause de perdition? Le pauvre doit donc se féliciter de sa pauvreté, et plaindre l'opulent qui a été si mal partagé en ce monde!

Une pareille doctrine favorise merveilleusement la domination des puissants et l'asservissement des faibles!

En effet, comme le catholique ne reconnaît point de droit à l'homme, sur quoi le pauvre fonderait-il ses réclamations? N'est-il pas condamné, ainsi que tous, à expier la faute originelle? Et ne serait-il pas doublement coupable de convoiter les jouissances de la classe opulente?

D'abord, en aspirant après les biens de la terre, le pauvre semblerait faire plus de cas d'un bonheur passager que de la félicité éternelle promise par Dieu; ensuite, n'y aurait-il pas, dans le désir d'être heureux en ce monde, comme un reproche au Créateur de lui avoir refusé les biens temporels?

Le pauvre, animé de la foi catholique, n'envie donc point des richesses dangereuses. Mais il n'est si désintéressé sur la terre que pour être plus intéressé dans le ciel. Son abnégation est un calcul, son humilité un placement à usure. Il espère que ses privations auront un jour un dédommagement sans prix, une récompense infinie.

Le riche, zélateur de la même foi, fait le bien par un égal motif d'intérêt personnel. Sa charité est une sorte de marché passé avec Dieu : il *troque* ses aumônes contre des indulgences et l'espoir de jouir, après la mort, de la béatitude céleste.

Quel autre motif auraient-ils l'un et l'autre d'être généreux et charitables? Aucun lien de solidarité ne les attache au prochain, ni dans ce monde, ni dans l'autre. Chaque catholique est un être à part, qui peut, tout aussi bien, et même mieux, travailler à son salut dans la solitude qu'au milieu de ses semblables. Dans le catholicisme, les membres de la grande famille humaine sont si peu liés entre eux, que la félicité des élus ne sera pas un instant troublée par le malheur éternel des réprouvés. La béatitude céleste ne permet pas de s'apitoyer sur le sort des proscrits. Il est défendu aux heureux dans le paradis d'avoir compassion des malheureux jetés dehors. Aussi le père et la mère seront-ils indifférents aux tortures de leurs enfants gémissant dans l'enfer. Le fils y verra brûler sa mère et son père sans éprouver aucun chagrin. Le frère n'aura pas le moindre regret d'y voir sa sœur, la sœur son frère, l'époux son épouse, l'ami son ami. *Chacun pour soi*, *chacun chez soi:* cette maxime égoïste et antisociale de certains économistes de notre époque, est bien certainement d'origine catholique, puisque les habitants du paradis en donnent une si formelle sanction.

Quand donc les catholiques s'appellent *frères*, ce titre est un titre illusoire et menteur. La vraie fraternité ne suppose pas seulement une même origine, elle implique aussi une même fin et par conséquent la communauté de peines et de plaisirs. Non, les catholiques ne sont point frères, puisque, unis au commencement, ils peuvent au terme final être séparés par un abîme infranchissable et se partager en deux castes : les *heureux* et les *malheureux*. Et n'est-ce pas déjà ce qu'ils font en ce monde?

Cette absence de solidarité et de fraternité dans le ciel fait du catholicisme la doctrine absolue de la personnalité sur la terre. La charité catholique n'est guère qu'une fiction engendrée et soutenue par la foi au paradis et à l'enfer. Otez ce dogme au catholique, et sa prétendue charité se réduit aussitôt à une simple question d'économie politique : *donner pour recevoir davantage.*

Par toutes ces raisons, il est évident que le catholicisme ne peut pas fonder une société heureuse sur la terre. Les mauvais catholiques, et ils sont en grande majorité, espérant échapper à l'enfer par un acte de contrition à l'heure de la mort, ne se font aucun scrupule de se soustraire au *devoir* pendant la vie ; les tièdes ne se conduisent pas autrement ; quant aux bons , aux zélés , ils devraient, s'ils étaient conséquents, se renfermer en deux monastères, où les hommes et les femmes, séparés les uns des autres, attendraient dans la prière et la pénitence, le grand jour du dernier jugement.

· Ainsi le catholicisme éludé rentre dans la théorie des *droits* et *des devoirs alternatifs;* pratiqué au contraire, dans toute sa rigueur, il mènerait directement, comme le mysticisme, au suicide de l'humanité (1).

Des considérations précédentes il résulte clairement :

1° Que la théorie du *droit pur* engendrant la lutte de tous contre tous, conduirait les hommes à une guerre d'extermination et rendrait toute société impossible ;

2° Que la théorie du *droit et du devoir alternatifs* favorisant tous les genres d'hypocrisie, de mauvaise foi, de domination , d'injustices, et par suite une partie de la société exploitant l'autre éternellement, le bonheur de l'humanité est à jamais irréalisable par ce système ;

3° Que la théorie *du devoir pur*, comme l'entendent les catholiques et les mystiques, niant le bonheur sur la terre et recommandant le mépris du monde et de soi-même, aurait pour conséquence infaillible la destruction de la société, si toutes les puissances de la nature humaine ne protestaient pas énergiquement et constamment contre ce dogme erroné ;

4° Enfin, que nul de ces systèmes ne pouvant être isolément la source du bonheur humain, aucun par conséquent ne peut servir de fondement à une constitution sociale.

IV. — THÉORIE DE L'UNIVERSALISATION.

La théorie de l'universalisation comprend, dans sa synthèse,

(1) Nous ne comprenons point ,dans cette critique la doctrine de Jésus telle qu'elle dut être prêchée par lui. Cette doctrine, malgré les contradictions des évangiles et les interpolations qu'on y a faites, n'en est pas moins la préface divine d'une révélation nouvelle , explication et complément du christianisme, connue sous le nom de *religion fusionienne* ou FUSIONISME.

les trois systèmes précédents, expressions diverses des besoins et des *puissances* de l'homme. C'est là justement ce qui fait son excellence et sa supériorité; car, embrassant l'homme tout entier dans son principe et dans sa fin, elle est la loi naturelle et absolue, seule capable de réaliser le bonheur universel de l'humanité.

Avant d'exposer cette sublime loi, il importe d'établir d'une manière *précise* la source du droit et du devoir au point de vue de l'absolu.

Et d'abord, qu'est-ce que le droit?

Le droit, dans son acception la plus générale, c'est le titre naturel qui autorise un être dans la privation à demander ce qui lui manque et lui est nécessaire pour se conserver dans la vie, s'y développer et être heureux, c'est-à-dire pour accomplir sa destinée.

Qu'est-ce que le devoir?

Le devoir, dans son acception également la plus générale, c'est l'obligation où est un être, qui en a le pouvoir, de donner à un autre être dans le besoin les moyens de se satisfaire, d'être heureux ou d'accomplir sa destinée.

Telle est l'idée exacte qu'on doit se faire du *droit* et du *devoir*. Toute autre définition contraire à celle-ci serait sans fondement et par conséquent fausse.

Le droit, d'après cela, suppose le *besoin*, la *privation* et ne peut convenir qu'à un être *incomplet* et *faible*.

Le devoir, au contraire, suppose la *plénitude* et appartient essentiellement à un être complet et *dans la puissance*.

L'être faible, incomplet, c'est *l'homme*.

L'être puissant, complet, c'est *Dieu*.

Dieu et l'homme, voilà les deux parties du contrat.

Le *besoin absolu* de l'homme et la *puissance absolue* de Dieu, telles sont les deux *sources* du *droit* et du *devoir* au point de vue de l'absolu.

Dieu ayant créé l'homme incomplet, avec la conscience de son impuissance, et ayant mis dans son cœur le désir d'atteindre à la plénitude de l'être, s'est engagé absolument, envers l'homme et envers lui-même, à donner à sa créature

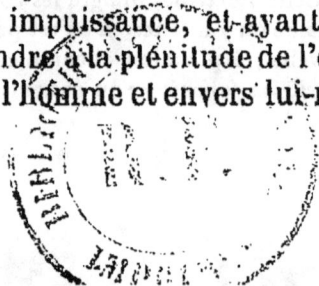

tous les *moyens* propres à accomplir la destinée dont il lui a fait une nécessité : voilà le *devoir* de Dieu.

L'homme à son tour étant appelé à réaliser la plénitude de l'être, qui est tout l'être, éprouve, pour se compléter, un besoin absolu de tout, et, par conséquent, est autorisé à prétendre à tout : voilà le *droit* de l'homme (1).

(1) Afin qu'on ne puisse plus mettre en doute que la destinée humaine est bien certainement la réalisation de l'être universel, nous allons présenter ici une dernière démonstration qui sera péremptoire.

Et d'abord, avant tout, il importe de remonter à l'origine de l'homme pour savoir au juste quelle est sa *nature*, parce que l'homme ne pouvant rien produire, rien manifester sans le tirer de lui-même, déterminer d'une manière précise la nature de l'homme, c'est évidemment déterminer tout ce qu'il est capable de réaliser, et, par conséquent, c'est donner une idée exacte de sa *destinée*.

D'où vient l'homme? Qui l'a produit? Avec quoi a-t-il été produit?

Telles sont les questions auxquelles il faut nécessairement répondre pour résoudre le problème.

Premièrement. Existe-t-il en dehors de l'être *immense*, *éternel* et *unique* une source quelconque dans laquelle l'homme aurait existé et d'où il aurait pu provenir? Évidemment non, puisque l'attribut seul d'immensité exclut la possibilité de tout lieu, de toute espace en dehors de ce qui n'a point de limites. L'homme a donc sa *source* en Dieu et il *vient* de Dieu.

Secondement. Peut-il exister à part Dieu dans l'immensité, et conjointement avec l'être *immense*, *éternel* et *unique*, un autre être qui aurait pu produire l'homme? Non, évidemment, puisque l'être *immense*, *éternel* et *unique* exclut de son sein tout ce qui n'est pas lui ou ne provient pas de lui. Donc, l'homme est *produit* par Dieu.

Troisièmement, enfin, Dieu étant le créateur de l'homme, serait-il possible qu'il l'eût produit avec autre chose qu'avec lui-même?

Certainement non, puisque la substance divine étant *immense*, *éternelle* et *unique*, rien d'étranger à Dieu ne pourrait exister avec Dieu, sans *limiter* son *immensité* et sans qu'aussitôt Dieu cessât d'être *unique*, d'être Dieu. Donc, l'homme *est de Dieu*, et ne constitue pas, dans le sein de la divinité, une autre substance.

Mais si l'homme *vient* de Dieu, est *produit* par Dieu, et se trouve formé de la *même substance* que Dieu, il est incontestablement de *nature divine*. Conséquemment, l'homme étant de nature divine, il est clair qu'il contient virtuellement en soi les attributs de Dieu, et que, dans son développement, il ne peut réaliser autre chose que Dieu même; car il ne saurait produire et manifester ce qu'il n'a pas en lui. Or, la nature de l'homme étant identique à la nature de l'être universel, il doit, par conséquent, réaliser l'universel.

Le *principe* et la *fin* de l'homme sont donc incontestablement *Dieu*. Il

Le droit de l'homme dérive donc de la destinée humaine. Il comprend tout ce qui manque à l'individu pour être complet, et mesure ainsi exactement toute l'étendue des moyens que Dieu lui a rendus indispensables.

Il y a de la sorte chez l'homme une privation et des besoins résultant de cette privation, lesquels besoins sont proportionnels à ce qui lui *manque* pour accomplir sa fin.

Or, les besoins réclamant satisfaction, et cette satisfaction dans sa totalité, étant en raison directe de ce qui manque à l'homme pour jouir de la plénitude de l'être, c'est par conséquent dans le *comblement* des privations humaines que consiste la *justice* absolue de Dieu, justice qui n'est telle que parce qu'elle élève les moyens de satisfaction au niveau des besoins de l'homme, dont la somme est parfaitement égale à sa destinée.

C'est donc en définitive dans la *justice* divine que se trouve la raison complète du *devoir* de Dieu et du *droit* de l'homme, tous deux corollaires l'un de l'autre et réciproquement nécessaires l'un à l'autre.

vient de Dieu et va à Dieu, en s'*identifiant* à Dieu même dans l'éternité. L'homme se trouve avoir ainsi la *destinée* la plus grande possible, puisque cette destinée est égale à Dieu même, c'est-à-dire égale à l'être dans sa plénitude, à l'*être universel*.

Toutefois, l'homme diffère infiniment de Dieu, et voici en quoi :

Dieu est l'éternel présent, l'éternité, l'immuable.

L'homme est l'éternelle succession, le temps, le muable, mesurant l'éternité, comme les fractions infinies de l'unité numérique mesurent ensemble exactement cette unité, mais dont chacune en particulier s'en trouve à une distance infinie.

Dieu est l'unité absolue ; la synthèse universelle.

L'homme est le fractionnement absolu de l'unité absolue, l'analyse qui vérifie et prouve la synthèse universelle.

Dieu est l'incréé dans sa plénitude éternelle.

L'homme est l'incréé qui se crée dans la succession et le temps *.

Il n'y a ainsi absolument que deux êtres réels : DIEU et l'HOMME.

Dieu, qui est le principe, la cause de l'homme.

L'homme, qui est l'objet de Dieu, la réalisation de Dieu, l'aspect infini de Dieu, aspect tendant sans cesse à s'achever dans l'éternité et restant éternellement inachevé.

* Il faudrait être initié à la doctrine *fusionienne* pour bien comprendre toute la profondeur de ce mystère.

En effet, le *droit* appelle le *devoir*, qui seul a le moyen de donner satisfaction au premier; et le *devoir* implique le *droit*, sans lequel le devoir serait une activité sans objet. L'un est toujours complément de l'autre. Il n'y a point de *droit* sans *devoir* et de *devoir* sans *droit* correspondant.

Par conséquent, au point de vue de l'absolu, Dieu était nécessaire à l'homme pour lui donner avec l'existence les moyens de réaliser la plénitude de l'être.

Et l'homme était nécessaire à Dieu pour servir d'objet à sa toute-puissance, à son amour.

Néanmoins, le *devoir* de Dieu par rapport à l'homme n'implique nullement une sujétion pour Dieu. C'est, au contraire, de l'accomplissement de ce devoir éternel et infini que résulte la félicité divine, car en se donnant à l'homme pour le développer selon la destinée qu'il lui a faite, Dieu réalise l'être universel, qui est la manifestation de lui-même.

Dans aucun cas, le *devoir* ne doit être ni un asservissement ni une cause de privation pour le sujet qui l'accomplit. Autrement la puissance deviendrait l'impuissance, le *devoir* se changerait en *droit*, et le principe distributif de la satisfaction, au lieu de la donner, la réclamerait pour lui-même (1).

(1) C'est ce qui est arrivé pour le travail. Le travail, procédant de l'activité ou de la puissance humaine, a pour objet de satisfaire les besoins de l'homme et de le développer en le rendant heureux. Voilà pourquoi le travail est un *devoir* et non un *droit*. Il devrait donc être un attrait, un plaisir, au lieu d'être une peine. Mais, sous l'empire du despotisme, quelques hommes, les plus riches, les plus heureux, ayant demandé aux plus pauvres, aux plus malheureux les satisfactions qu'ils auraient dû leur donner eux-mêmes, ils ont déplacé ainsi le *droit* et le *devoir*. C'est au *droit* qu'on a imposé les obligations du *devoir*, et c'est le *devoir* qui s'est arrogé les exigences du *droit*. La conséquence de cet intervertissement a été, de la part du législateur, de prétendre que l'être dans la privation donnât satisfaction à l'être dans la plénitude, ce qui a fait du travail une servitude en le rendant pénible, douloureux et répugnant.

Maintenant, réclamer le droit au travail pour le pauvre, c'est tout bonnement réclamer pour lui le droit à l'esclavage et à la douleur. Le droit vrai, le droit réel est général; il appartient à tous et tous ont intérêt à l'exercer, puisqu'il appelle une satisfaction. Or, voyez-vous les riches demander pour

Le droit et le devoir, chez l'homme, ayant pour objet de réaliser la plénitude de l'être, doivent réaliser aussi la plénitude du *bonheur*.

On conçoit que Dieu ayant voulu élever l'homme jusqu'à lui, a dû attacher à cette magnifique ascension la plus grande félicité possible, afin que l'homme aimât par-dessus tout sa destinée et eût un intérêt infini à la réaliser.

Le bonheur se confond ainsi avec la destinée humaine, et ne forme avec elle qu'une seule et même chose. Ce n'est même que par l'attrait invincible inhérent au bonheur que l'homme aspire à la réalisation de sa *destinée*. Il la désire, il la veut, parce qu'il l'aime, et il l'aime parce qu'elle doit le rendre heureux.

Si Dieu n'avait fait l'homme que pour réaliser l'*être universel* sans le *bonheur*, qui en est le couronnement, et sans l'*amour*, qui fait *vouloir* l'accomplissement de cette fin sublime, il lui eût imposé un labeur sans terme, infiniment pénible et douloureux, et l'homme, au lieu de désirer atteindre sa destinée, aspirerait sans cesse à s'en affranchir. Dès lors la destinée ne serait plus pour lui qu'une chose contrainte et forcée; par conséquent, elle ne constituerait point un *droit*, attendu que le droit ne saurait être opposé à l'intérêt de l'homme, opposé à son amour, à sa volonté.

eux le *droit au travail?* Pas le moins du monde. Ce qu'ils veulent, ce qu'ils prétendent avoir, c'est le droit à l'oisiveté. Pourquoi donc le droit qu'on réclame comme une faveur pour le pauvre serait-il, au contraire, un asservissement pour le riche? Est-ce que le droit du riche est autre que le droit du pauvre? Sans pousser plus loin les conséquences de ce raisonnement, on peut très-bien, par ces simples observations, se faire une idée de toute la confusion qui règne dans la théorie des partisans du *droit au travail*. Car, en admettant que le travail fût réellement un droit au lieu d'être un devoir, comme le droit est facultatif, l'homme devrait l'exercer librement et toujours dans son intérêt. Que serait un droit qui tournerait au préjudice de celui qui en pratiquerait l'exercice? Est-ce que la fatigue, la sujétion, la souffrance sont un droit? S'il en était ainsi, qui donc voudrait d'un pareil droit? Ne serait-ce pas dérisoire de dire qu'un maçon a le droit de bâtir toute sa vie des hôtels et des palais pour n'habiter qu'un chenil ou une mansarde; que le canut a le droit de fabriquer des étoffes de soie pour n'être vêtu que de haillons; que l'agriculteur a le droit de cultiver le blé, la vigne et les fruits les plus délicieux pour ne se nourrir que d'aliments grossiers et insuffisants? etc., etc. Ah! Messieurs les législateurs, soyez donc un peu plus logiques!

Le bonheur est donc la cause déterminante de l'*amour* chez l'homme ; ensuite l'amour est la cause déterminante de sa volonté ; et dès que l'homme *aime* et *veut* être heureux, le besoin du bonheur constitue alors son *droit* ; comme la faculté que Dieu seul possède de satisfaire l'homme pleinement constitue le *devoir* de Dieu.

Toutefois, nous le répétons, la félicité de l'homme ne peut en rien diminuer la félicité de Dieu, puisqu'en donnant à l'homme les moyens de réaliser l'être universel, Dieu se réalise lui-même.

Il existe ainsi entre le *droit* de l'homme et le *devoir* de Dieu un lien intime qui les rend inséparables.

Le droit est passif ; il accuse ce qui manque à l'être et en légitime les réclamations.

Le devoir est actif ; il comble le vide constituant le droit de l'être, et satisfait à la légitimité de sa demande.

Le droit aspire invinciblement au bonheur.

Le devoir le distribue ; voilà pourquoi l'un ne va pas sans l'autre ; pourquoi ils sont simultanés et non alternatifs, comme nous le verrons bientôt.

Mais pour quelle raison le bonheur est-il l'objet et le mobile capital de l'homme ?

C'est parce que le bonheur c'est le *bien* être ou l'*être bien*, c'est-à-dire l'être *sans amoindrissement*, *sans privation*, l'être *universel*, *complet* et *tel* qu'il a *besoin d'être*.

Il n'y a donc point de but plus élevé pour l'homme que le bonheur.

Il est, en réalité, l'objet suprême au-delà duquel nous ne saurions rien concevoir, car il implique la parfaite satisfaction de tous les besoins de notre nature.

Cette nécessité d'être heureux pour l'homme est la source la plus efficace de son émulation, le stimulant de tous ses progrès.

Quel motif l'homme aurait-il d'agir s'il était persuadé que tous ses efforts ne sauraient en rien améliorer son état, ni lui donner aucune satisfaction ?

Il fallait nécessairement le *bonheur* comme but au développement de l'homme, afin qu'il fût entraîné irrésistiblement vers sa destinée.

Puisque le *bonheur* est inséparablement lié à la destinée humaine, l'homme, en voulant le bonheur, est obligé de réaliser la plénitude de l'être, et c'est là son *devoir*.

En outre, comme la plénitude de l'être implique la souveraine harmonie, l'ordre, la sagesse, la toute-connaissance, l'amour, la perfection ou Dieu, le devoir de l'homme consiste donc à réaliser la perfection ou Dieu, en réalisant la toute-connaissance, le sagesse, l'ordre, la souveraine harmonie par l'amour. A cette condition seulement il peut espérer de jouir du bonheur parfait.

Cette obligation, au surplus, résulte de l'analyse même du bonheur.

En effet, le *bonheur* implique l'*amour*, parce qu'il est de lui-même attrayant et aimable.

L'*amour* implique la *volonté*, attendu qu'on veut ce que l'on aime.

La *volonté* implique la *connaissance*, parce qu'il faut connaître ce que l'on veut.

La *connaissance* implique la *sagesse*, par la raison qu'elle distingue ce qui est préférable de ce qui ne l'est pas.

La *sagesse* implique l'*ordre*, en ce qu'elle détermine et choisit ce qui est le plus conforme à la nature de l'être.

L'*ordre* implique le *bien* ou la *perfection*, attendu qu'il réalise l'accord de toutes les parties dans l'unité; d'où résulte la constitution *adéquate* et intégrale de l'être.

Enfin, la *perfection* implique le *bonheur*, parce que la perfection, c'est l'être complet et dans la juste condition où il doit être pour être *bien* et *bon*.

Tel est le cercle absolu dans lequel l'homme se développe.

Pour jouir du bonheur qu'il désire, pour lequel il est fait et auquel il a *droit*, l'homme est obligé de réaliser le bien par l'ordre, l'ordre par la sagesse et la sagesse par la connaissance et l'amour. Voilà son *devoir*.

En résumé, le *droit* absolu de l'homme, c'est le *bonheur*; son *devoir* absolu, s'il veut être heureux, c'est de devenir *lumière*, *sagesse*, *ordre* et *perfection* par l'*amour*, ce qui est toujours une *addition* de qualités à l'être, et non une *soustraction*.

Avec son droit, l'homme ayant en même temps un *devoir* à l'égard de Dieu, il faut aussi que Dieu ait un *droit* à l'égard de l'homme, puisque tout devoir suppose un droit correspondant.

Dieu a donc un *droit* et un *devoir* par rapport à l'homme, comme l'homme a un *droit* et un *devoir* par rapport à Dieu.

Le *droit* absolu de l'homme, c'est le *devoir* de Dieu; et, *vice versá*, le *droit* absolu de Dieu, c'est le *devoir* de l'homme.

Toutefois, le *droit* de Dieu n'accuse point chez lui un besoin dans le genre de celui de l'homme, parce que l'homme n'a de raison d'être qu'en Dieu, tandis que Dieu est à lui-même sa propre raison d'être.

De là pour l'homme, la nécessité de tout demander à Dieu, tandis que Dieu est la source même de ce qu'il demande à l'homme.

Dans sa constitution absolue, Dieu a deux aspects, comme l'homme formé à son image : l'aspect complet, tout puissant et parfait, et l'aspect incomplet, faible et imparfait.

Par le côté complet et parfait, Dieu est la substance universelle et simple, la vie universelle, la source unique de toute puissance, de tout amour. Il contient en soi, de toute éternité, la plénitude de l'homme et lui fournit lui-même les moyens d'accomplir la destinée dont il lui a fait une obligation. Sous ce mode, Dieu n'éprouve aucune espèce de privation ; il est la *plénitude* de l'être, et cette phase est la raison absolue de son *devoir*.

Par le côté imparfait, Dieu est la substance complexe, produisant la manifestation universelle et infinie, c'est-à-dire, qui n'a jamais de fin. Il travaille par conséquent incessamment à se finir sans se terminer jamais. Sous ce mode, Dieu éprouve un besoin sans borne qui ne peut être satisfait complétement que dans l'éternité ; il est donc imparfait, limité et dans la privation. Cette phase est la raison absolue de son *droit*.

Ce qui manque à Dieu, par le besoin qu'il éprouve dans

sa phase complexe, c'est la perfection humaine opérée par la liberté de l'homme, afin que l'homme soit complet et heureux selon le vœu de l'amour divin.

Ce qui manque à l'homme, c'est la félicité divine, afin que toutes les aspirations de la nature humaine soient comblées.

Par son *devoir*, Dieu donne à l'homme la faculté de se réaliser dans la totalité de l'être.

Par son *droit*, il demande en retour que l'homme soit heureux pour effacer la douleur et le mal de sa création, et pour que nous devenions en tout semblables à lui (1).

C'est uniquement par l'ordre, l'harmonie, l'unité, que l'homme peut réaliser sa destinée, et qu'il peut espérer d'être heureux.

Tout bonheur dont on prétend jouir en dehors des conditions nécessaires à la perfection, est un bonheur imaginaire et plein de déceptions, car un pareil bonheur, au lieu de conserver et de développer l'être, l'amoindrit et le ruine.

Conséquemment, quiconque aspire à être heureux doit aimer le progrès, la lumière et travailler au développement complet de lui-même pour atteindre à la plénitude de l'être.

Mais, comme le développement complet de l'homme, c'est la réalisation de l'être universel, et que l'être universel implique *tous les êtres* sans exception, l'homme est donc dans l'obligation de développer harmoniquement avec lui *tous les êtres* de l'univers pour se développer lui-même et pour jouir de la vraie félicité.

Il résulte de ces considérations qu'il n'y a pas, comme on le croit généralement, plusieurs sortes de bonheur se formulant selon la fantaisie individuelle. Il n'y a qu'un seul et unique bonheur réel, identique à la destinée humaine ou à *l'universalisation*, pouvant être atteint seulement par la

---

(1) Ces idées, pour être bien comprises, demanderaient un développement que les limites de cet article ne nous permettent point. Au surplus, ceux qui désireraient être initiés plus avant dans le mystère de la nature de Dieu n'ont qu'à se rapprocher de la *doctrine fusionienne*.

Des conférences ont lieu tous les dimanches à sept heures et demie du soir, chez M. Tourﾃﾏﾤﾂ, 9, rue de Bagneux.

perfection *de tous par tous*, ce qui implique le *droit* et le *devoir* simultanés et absolus.

Et maintenant, après avoir déterminé, d'une part, ce que l'on doit entendre par le bonheur réel, et, de l'autre, ce que c'est que le droit absolu et le devoir absolu de Dieu, par rapport à l'homme et de l'homme par rapport à Dieu, nous allons également préciser en quoi consiste le droit et le devoir de l'homme par rapport à l'homme.

Notre tâche à cet égard sera beaucoup plus facile, car l'homme, ainsi que nous l'avons montré, étant de nature divine, il est nécessairement à l'image de Dieu et ne peut se développer sur aucun autre modèle que sur le grand archétype divin.

Or, de même que Dieu, considéré dans l'exercice de son droit et de son devoir, se réalise lui-même en réalisant l'universel, il faut aussi que l'homme, dans l'exercice de son droit et de son devoir, ait pour effet son propre développement.

C'est justement là ce qui a lieu. Chaque individu ayant pour but final, comme Dieu, la réalisation de l'universel, qui comprend tous les êtres de l'univers, chacun de nous embrasse en virtualité la totalité des êtres. Et, comme il n'y a qu'un seul tout, un seul universel, l'individu ne peut pas être virtuellement le tout sans être nécessairement l'humanité entière ou la partie. Par conséquent, nous ne saurions rien exiger des autres sans l'exiger de nous-mêmes, ni rien leur donner sans profiter des dons avec eux.

Lorsque nous réclamons du prochain les satisfactions dont notre nature a besoin, nous exerçons un *droit* en nous et un *devoir* en lui.

Par notre *droit*, nous lui demandons précisément ce qu'il a intérêt de réaliser pour lui en nous; par notre *devoir*, nous accomplissons ce que nous avons intérêt de réaliser pour nous en lui.

Le droit et le devoir ici ne sont nullement contradictoires et ne pourraient l'être; corollaires l'un de l'autre, ils agissent toujours simultanément et dans le même but, puisque le désir du prochain c'est notre besoin en lui, et notre besoin c'est son désir en nous.

Ainsi, pour particulariser ce principe général, mon droit c'est que le prochain concoure à mon développement et à mon bonheur. Or, pour cela, le prochain doit m'aider à me développer *directement* en moi où il est, et me développer *directement* en lui où je suis. En me développant *directement* en moi par l'accomplissement de son devoir, il s'y développe *indirectement* lui-même, puisqu'il y est; et en se développant *directement* en lui-même par l'exercice de son droit, il m'y développe *indirectement*, puisque j'y suis. Le développement est donc double pour le prochain comme pour moi-même, et son devoir est parfaitement conforme à son intérêt, à son bonheur, puisqu'il retire de l'exercice de son *devoir* un double bien, comme moi de l'exercice de mon *droit*.

Quoi qu'on fasse, il est absolument impossible dans cette vaste solidarité de se séparer de ses semblables. Nul ne saurait sans se nuire à lui-même mettre des obstacles à l'agrandissement d'autrui; car chacun, par la loi de sa propre nature, étant destiné à réaliser la plénitude de l'être dans la lumière, la sagesse, l'ordre, la perfection, aucun ne pourrait atteindre à ce résultat si tous n'étaient également éclairés, sages et parfaits.

L'ignorance, les imperfections, la misère de nos frères sont autant de limites qui nous empêchent nous-mêmes, malgré tous nos efforts, d'être véritablement éclairés, parfaits et heureux.

Et cela se conçoit facilement d'après le principe de l'universalisation.

Puisque nous avons tous pour objet de réaliser l'être universel et qu'il n'y a qu'un seul être universel constitué par une seule et même substance sans solution de continuité, chacun de nous est donc destiné à vivre de la vie de tous pour arriver à la vie universelle.

Mais comment arriver à cette vie synthétique qui implique la lumière et l'harmonie universelles, l'amour universel, si nous perpétuons parmi nous l'ignorance, le désordre et les haines?

Est-il possible de réaliser jamais cette UNITÉ nécessaire à

la vie complète, tant que nous consacrerons au milieu de nous, comme une chose normale, les inégalités, les divisions, l'égoïsme et l'asservissement des uns par les autres?

Épanouis, *chacun dans tous* et *tous dans chacun*, nous sommes ignorants dans les ignorants, pauvres et souffrants dans les pauvres et dans ceux qui souffrent, dépravés dans les vicieux, sans liberté dans les esclaves, malheureux, en un mot, dans tous les malheureux à un titre quelconque. Ajoutons encore à cela que nos semblables vivant en nous comme nous vivons en eux, tout le mal que nous laissons subsister dans les autres est un mal que le prochain nous apporte en venant s'épanouir dans nous-mêmes.

Ainsi, avec la solidarité intime et indissoluble qui fait de l'humanité entière un seul corps, NUL NE PEUT ÊTRE HEUREUX QU'AUTANT QUE TOUS SERONT HEUREUX.

L'intérêt individuel et l'intérêt général se trouvent tellement liés dans la théorie de l'*universalisation*, qu'il n'est pas possible de les disjoindre. L'humanité étant un seul être dont chaque partie est solidaire du tout, nous ne saurions rien exiger des autres que nous ne voudrions pas nous imposer à nous-mêmes, attendu que les autres sont nous-mêmes (1).

Ceci ne laissera plus aucun doute dans les esprits, quand nous aurons expliqué le moyen à l'aide duquel l'homme s'universalise.

Sans doute, le lecteur s'est déjà demandé de quelle manière l'homme, cet être circonscrit par la forme de son corps et emprisonné dans l'espace et le temps, peut devenir l'humanité entière, et s'affranchir comme elle de la localisation, en occupant à la fois toute la surface du globe.

Ce problème, qui semble mystérieux et insoluble, va recevoir sa solution de la manière la plus simple et la plus naturelle, grâce au principe de la DOCTRINE FUSIONIENNE.

_____

(1) Le principe de la doctrine de l'universalisation est l'explication et la démonstration scientifique de ces préceptes divins : « Ne faites pas à autrui « ce que vous ne voudriez pas qu'on vous fît à vous-même ; faites aux autres « le bien que vous désirez qu'on vous fasse ; aimez le prochain comme « vous-même. »

La *fin* de l'homme, avons-nous dit et démontré, c'est l'*universalisation*.

Cette *fin*, la plus élevée possible, ne saurait être accomplie sans un *moyen* proportionnel à sa grandeur.

Or, ce *moyen*, c'est *la loi* de FUSION.

Mais qu'est-ce que la loi de FUSION?

La loi de FUSION est une loi naturelle et générale régissant tous les êtres sans exception, par laquelle l'homme se mêle incessamment à tout pour réaliser progressivement l'UNITÉ UNIVERSELLE, c'est-à-dire la *plénitude de l'être*, ou DIEU.

C'est par cette loi que la conscience individuelle, limitée maintenant par le corps dans l'espace et le temps, doit s'affranchir un jour du temps et de l'espace, en revêtant tous les corps infinis qui constituent l'universel.

Arrivé à ce terme, le *moi* humain présent dans tous les êtres et dans tous les lieux à la fois, jouit alors de l'ubiquité divine, de l'omniscience, de l'omnivoyance, et réalise l'*universiforme* ou la corporéité de Dieu.

Pour cela, tous les êtres, sans exception, ont dû posséder la faculté de s'épanouir les uns dans les autres, en se pénétrant réciproquement et se combinant ensemble pour former un seul être universel.

De là trois sortes d'actions simultanées, qui rendent la loi de fusion trine dans son unité, savoir : l'ÉMANATION, l'ABSORPTION et l'ASSIMILATION.

Par exemple, appliquant la loi de fusion à l'homme comme étant l'être chez lequel elle s'accomplit le plus parfaitement, nous voyons que chaque individu rayonne, transpire sans cesse autour de lui *physiquement*, *intellectuellement* et *sympathiquement* sous un mode fluide, la propre substance de son être qui se mêle et se combine à tout; c'est l'*émanation*.

D'un autre côté, l'homme possède la faculté d'attirer à lui, de recevoir et d'absorber l'air, l'eau, les aliments divers, le calorique, l'électricité, les sons, les odeurs, la lumière, les sentiments, les idées, etc., au moyen de la respiration, de la manducation, de la porosité, des sens, de l'aspiration, etc. ; cette faculté, c'est l'*absorption*.

Enfin, par une triple nutrition *physiologique*, *intellectuelle* et *morale*, l'homme élabore, s'approprie et change en sa propre substance une partie de ce qu'il a absorbé; c'est l'*assimilation* (1).

Ainsi, par l'*émanation*, l'*absorption* et l'*assimilation*, il se fait chez l'homme une élaboration qui élève incessamment la matière, ou la phase concrète de la substance, de l'état d'inconscience à la dignité de la conscience, de la pensée et de l'amour. Le corps et l'âme de chacun de nous, renouvelés sans cesse par cette chimification divine, tout en conservant leur identité, donnent continuellement leur propre substance aux autres, et reçoivent la leur en retour, qu'ils s'assimilent et gardent éternellement; car l'homme ne se départ jamais plus de ce qu'il a une fois possédé (2).

(1) L'*émanation*, l'*absorption*, l'*assimilation* se supposent réciproquement et fonctionnent sans cesse en même temps dans la loi de *fusion*, sans qu'on puisse établir pour aucun de ces termes un ordre de priorité. Sans *émanation*, point d'*absorption*; sans *absorption*, point d'*assimilation* ni d'*émanation*. Avec la seule absorption, il y aurait agglomération, juxtaposition de parties et point d'*assimilation*; avec l'*absorption* et l'*assimilation* sans *émanation*, l'homme, acquérant toujours et ne perdant jamais, deviendrait monstrueux et périrait de pléthore; avec la seule *émanation*, il mourrait d'inanition et s'évanouirait. Nous ne parlons point ici de la manière dont s'établit la responsabilité du bien et du mal entre les hommes par la loi de fusion. On doit comprendre qu'il nous est impossible d'exposer dans un article aussi restreint toutes les conséquences d'un principe qui embrasse, d'une manière absolue, *Dieu*, *l'homme* et *l'univers* tout entier.

(2) Dans la doctrine fusionienne, l'âme n'est point une substance d'une nature différente de celle du corps; elle est une seule et même substance sous deux aspects divers. Si l'homme était le produit de deux substances de nature différente, représentées, par exemple, par A et C, de deux choses l'une : ou dans leur union A deviendrait C, et C deviendrait A; ou les deux substances resteraient invariablement chacune, identique à elle même. Dans le premier cas, il n'y aurait qu'une seule et même substance sous deux aspects divers, puisque A serait alors identique à C, et C serait le même que A. Dans le second cas, au contraire, A différant essentiellement de C, et C de A, il est clair que, dans leur union, jamais A ne serait C, ni C ne serait A. Donc, quelque rapprochés que ces deux termes fussent l'un de l'autre, il y aurait toujours une solution de continuité entre A et C par le fait de la différence des deux natures. Et, comme cette solution de con-

De cette façon, nos semblables vivent en nous et nous vivons dans eux ; ils réalisent ce que nous sommes, sans cesser d'être eux-mêmes, et nous réalisons ce qu'ils sont, sans perdre notre individualité. En sorte que, par ce moyen, chacun de nous s'unissant toujours davantage à l'humanité, nous grandissons tous dans la vie et nous nous rapprochons progressivement de l'universel en devenant, d'une manière de plus en plus complète, nous, plus les autres (1).

En d'autres termes, par la loi de *fusion*, l'humanité tout entière vient se concentrer, s'individualiser dans chaque individu, sans cesser pour cela d'être multiple et diverse, et chaque individu va s'épanouir, se diversifier dans l'humanité entière, sans cesser non plus d'être une individualité, une unité, un moi indivisible. D'où il résulte que nous sommes TOUS DANS UN, ET UN DANS TOUS.

Quoique ces deux expressions *tous dans un*, *un dans tous* semblent au premier abord égales, il y a néanmoins entre elles une grande différence qu'il importe de déterminer.

La destinée de l'homme consistant à grandir dans la vie, et l'épanouissement de soi dans les autres étant le seul mode qui puisse réaliser la conscience et la forme universelle, l'homme a certainement plus d'intérêt à être hors de lui qu'en lui.

La vie de *un dans tous* est donc une vie supérieure et plus grande que la vie de *tous dans un :* car dans les autres, l'individu s'universalise, tandis qu'il individualise les au-

---

tinuité ne serait ni la substance de A, ni la substance de C, elle serait donc l'absence de substance. Mais l'absence de substance étant l'absence de tout *être*, ce vide absolu séparant A de C, serait, par conséquent, le *néant*. Or, il est évident que, si l'âme était séparée du corps par le néant, elle n'aurait ni relation avec le corps, ni conscience qu'il existe. Donc, puisque l'âme et le corps sont solidaires l'un de l'autre, c'est qu'ils sont une seule et même substance sous deux aspects différents.

(1) Par l'émanation, l'homme renouvelle incessamment son corps. Selon les physiologistes, ce renouvellement est complet au bout de sept ans, de sorte qu'à trente-cinq ans un homme est, physiquement parlant, près de cinq fois plus hors de lui qu'en lui, son corps ayant été renouvelé près de cinq fois.

tres en lui. Or, l'universel étant plus que l'individuel, quand nous disons que nous sommes *un dans tous* et *tous dans un*, nous sommes en réalité moins en nous-mêmes que dans les autres, et par conséquent nous devons nous aimer plus dans les autres qu'en nous-mêmes, attendu que la sagesse commande de préférer le plus au moins.

Aimer le prochain plus que nous-mêmes et travailler à nous conserver, à nous développer et à nous rendre heureux en le développant et en le rendant heureux, c'est donc ce que nous commande notre intérêt le mieux entendu ; c'est là aussi notre *devoir*, puisque rien n'est plus conforme à la loi d'universalisation, qui est notre destinée.

Certes, il est évident que l'homme devant réaliser l'humanité entière, doit s'aimer plus dans ce qu'il sera un jour le *maximum* de lui-même, que dans ce qu'il est aujourd'hui le *minimum* de son être. De même, que nous nous préférons dans l'intégrité de notre corps plutôt que dans l'une de ses parties, parce que nous sommes plus dans la totalité du corps que dans une partie, de même aussi nous devons nous préférer dans le corps humanitaire entier plutôt qu'en nous, parce que nous sommes incomparablement plus dans l'humanité que dans notre propre chair. Ainsi, l'enfant sachant qu'il doit être homme un jour, s'aime mieux dans l'avenir qui l'agrandira et le complétera, que dans le présent qui le limite et l'amoindrit (1).

(1) Il est encore une autre raison qui démontre péremptoirement tout l'intérêt que nous avons d'aimer le prochain plus que nous-mêmes. La voici : La substance étant sans solution de continuité, lorsque, par l'épanouissement de nous-mêmes dans les autres, nous nous sommes assimilés à eux, nous vivons dans leur corps comme dans notre corps sans discontinuité, de même qu'ils vivent dans notre corps comme dans le leur, d'une manière continue. Conséquemment, si nous blessons le prochain, nous nous blessons en lui, puisque nous y sommes, et il transmet sa blessure en nous, puisqu'il y est, et que d'ailleurs la cause est nécessairement liée à son effet. Le mal que nous faisons aux autres est donc un mal qui nous revient au double. Tandis que l'individu blessé par nous ne souffre que comme un dans son centre de conscience, nous, nous souffrons comme deux, d'abord parce que nous avons blessé notre propre substance dans le centre de conscience du prochain qui bouleverse tout notre être en lui, ensuite parce que la substance du prochain désharmonisée dans toute l'étendue du rayon

S'aimer en soi, c'est donc s'aimer sottement dans la moindre partie de soi-même ; au contraire, s'aimer dans les autres, c'est épanouir son cœur dans la plénitude de ce que
l'homme doit être, et est réellement, l'*humanité*.

L'amour de soi en soi ou l'égoïsme proprement dit, est
par conséquent un amour erroné, mal entendu et nuisible
à l'égoïste même, puisqu'il a pour effet l'amoindrissement
de l'être ; au lieu que l'*amour de soi dans les autres*, est
l'amour le plus intelligent possible, en ce qu'il embrasse
l'homme dans tout son complément, qu'il tend à l'agrandir
sans cesse et à lui donner satisfaction dans sa totalité.

Sachez donc, ô hommes, et ne l'oubliez jamais, que chacun
de vous est humanité dans son individualité, comme l'humanité est individu dans sa collectivité. Telle est la volonté
de Dieu, afin que, vivant *un dans tous* et *tous dans un*,
nous fussions *chacun pour tous* et *tous pour chacun*, sous
peine de nous renoncer nous-mêmes.

Voyons maintenant la sublime morale qui découle de
cette belle formule *fusionienne* : TOUS DANS UN ET UN
DANS TOUS, donnant naissance à l'*amour* des *autres en soi*
et à l'*amour* de *soi dans les autres*.

Dès que nous avons la conviction d'être *tous dans un*,
nous savons que nous renfermons en nous-mêmes, comme
dans un sanctuaire, l'humanité tout entière, passée, présente et future : alors nous la respecterons dans toute notre
conduite, et nous nous garderons bien de jamais rien faire
qui puisse l'outrager, la dégrader et la diminuer dans notre
personne. Bien plus, ne pouvant séparer notre destinée de
celle de l'humanité, et convaincus que pour être heureuse

qui l'unit à notre centre de conscience, vient y concentrer la douleur et
bouleverser tout notre être en nous. Il en est de même du bien que nous
pouvons accomplir.

Nous ne sommes donc pas intéressé à faire du mal aux autres, puisque
chaque individualité blessée par nous est un rayon aboutissant à notre
centre de conscience et qui nous apporte la douleur de tous à la fois mul-
tipliée par deux ; nous avons, au contraire, le plus grand intérêt à faire
hors de nous le plus de bien possible, car c'est un placement à usure que
nous faisons. Lorsque cette loi sera révélée à tous, le mal deviendra impossible dans l'humanité.

l'humanité a besoin de s'identifier à tout, nous regarderons comme un devoir de nous développer nous-mêmes de peur d'être un obstacle au développement de tous, en nous arrêtant dans le progrès.

Dès que nous sommes *un dans tous*, loin de haïr aucun homme, ce qui serait nous haïr nous-mêmes dans le prochain, nous l'aimerons plus que nous-mêmes, parce que nous sommes plus dans le prochain que dans nous-mêmes.

Amoindris, souffrants et limités dans nos frères malades, asservis, pauvres, ignorants ou dépravés, nous ferons tous nos efforts pour faire disparaître de la société les maladies, la servitude, la misère, l'ignorance et la dépravation, afin de nous en affranchir nous-mêmes. Chacun de nous ayant besoin d'être heureux et ne pouvant l'être sans que tous le soient, nous travaillerons activement au bonheur des autres dans l'intérêt de notre propre bonheur. En un mot, à tous les égoïsmes coupables et si variés dans le monde, nous substituerons le seul égoïsme saint et légitime, qui consiste à *aimer les autres en soi* et *à s'aimer dans les autres;* c'est-à-dire *l'amour universel.*

Donc, par la loi de *fusion*, une solidarité intime, universelle, éternelle, relie non seulement les hommes entre eux, mais encore toutes les parties du grand univers dans une vaste synthèse où tout se tient et se meut de la même vie. A l'aide de cette loi sublime, le divers est ramené incessamment à l'identique, et le multiple à l'unité, en même temps que l'unité, dans son épanouissement perpétuel, devient le multiple et le divers, sans cesser d'être l'unité.

§ III.

CONCLUSION.

De tout ce qui précède il résulte :

1° Que le *droit* et le *devoir* ne peuvent être conformes à la justice universelle et n'ont de fondement légitime qu'autant qu'ils dérivent de la nature de l'homme et de sa destinée;

2° Que de tous les systèmes produits jusqu'ici sur le *droit* et le *devoir*, aucun n'ayant déterminé d'une manière précise la véritable nature et la véritable destinée de l'homme, aucun n'a posé les bases certaines du *droit* et du *devoir*, et par conséquent la législation à cet égard a toujours été plus ou moins contraire à la justice universelle;

3° Que la doctrine de *l'universalisation* seule, déterminant d'une manière absolue la nature et la destinée de l'homme, pose les bases certaines du *droit* et du *devoir* et produit l'unique législation qui soit parfaitement conforme à la justice universelle, en ce qu'elle donne une complète satisfaction à l'humanité entière et concilie toutes les théories sur le *droit* et le *devoir*.

Ainsi l'homme, dans la doctrine de *l'universalisation*, a un *droit* absolu et exclusif, par la raison qu'étant destiné à *s'unifier* à tout, il a droit à tout sans restriction, et aucun *devoir* ne saurait légitimement le priver en rien du *droit* qu'il a de tout posséder.

L'homme a aussi un *devoir* absolu et exclusif, en ce que, aspirant après la souveraine félicité et ne pouvant l'obtenir que par la perfection infinie, son *devoir*, dont la mission est de réaliser cette perfection, doit être d'une *continuité* infinie, et aucun droit ne saurait venir le limiter ou le suspendre sans restreindre en même temps son bonheur.

Il a ensuite un *droit* et un *devoir* alternatifs et opposés, si nous considérons chez l'homme la vie directe et la vie indirecte, c'est-à-dire sa vie en lui et sa vie dans les autres. Quand il exerce son droit en lui, il suspend son devoir directement envers les autres, et quand il accomplit son devoir envers les autres, il suspend son droit directement en lui; ce qui présente bien une sorte d'alternance et d'opposition, mais sans diminuer en rien le bonheur de l'homme; car la satisfaction directe qu'on se donne en soi est une satisfaction indirecte qu'on donne aux autres; et la satisfaction directe qu'on donne aux autres est une satisfaction indirecte qu'on se donne à soi-même.

Enfin, et c'est par ce côté que la théorie de *l'universalisation* résume toutes les autres, l'homme a un *droit* et un *devoir simultanés* et *concordants*, lorsqu'il se considère comme l'humanité entière. En effet, dans ce cas, lui et tous les autres ne formant qu'un seul être dont l'intérêt est de se développer pour jouir du bonheur, il a par son *droit*, le désir d'être heureux avec l'humanité entière, et par son *devoir*, il travaille à réaliser ce bonheur. Le droit et le devoir ne sont donc point ici opposés l'un à l'autre; ils se servent réciproquement et se complètent pour arriver au même but : le *bonheur* universel.

Il ressort de plus de cette admirable doctrine la solution parfaite du problème social et religieux posé de nos jours à l'humanité avec l'énigme mystérieuse de ces cinq termes : Liberté,
Egalité, Fraternité, Solidarité, Unité, dont nul jusqu'ici n'avait pénétré le sens absolu.

Le lecteur jugera si notre affirmation se trouve justifiée par la
démonstration suivante :

Puisque, d'après la doctrine de *l'universalisation*, tout tient
inséparablement à tout, que chaque partie vit dans tout, est de
même nature que le tout, et doit devenir le tout même (1); chaque homme tient donc indissolublement à l'humanité, vit dans
l'humanité, est de même nature qu'elle, et doit réaliser l'humanité entière.

La solidarité résultant de ce principe est incontestablement la plus intime, la plus forte et la plus obligatoire, car on
ne saurait concevoir un lien plus indissoluble et qui engage davantage la responsabilité de tous envers tous.

Mais lorsque les hommes sont reliés de la sorte par une solidarité aussi profonde, qui ne permet à aucun d'être heureux si
tous ne sont heureux, est-il possible d'admettre normalement
dans le sein de l'humanité d'autre sentiment que l'amour de
tous pour tous? Evidemment non, puisque l'amour de tous pour
tous c'est l'amour complet de nous-mêmes.

Or, dès que tous les hommes sont de même origine par leur
nature ou le principe de leur existence; qu'ils ont tous une
même destinée, et un même moyen de la réaliser; dès qu'ils
sont unis par une solidarité indissoluble, et qu'ils ont besoin
d'être heureux tous par tous, et d'avoir de l'amour tous pour
tous, ils sont nécessairement frères, et aucune fraternité
n'est plus légitime ni plus naturelle.

Solidaires et frères, parce qu'ils ont tous même origine,
même nature, même destinée et même moyen pour l'accomplir,
et parce que nul ne pourrait être heureux isolément et sans les
autres, les hommes sont certainement égaux, d'une égalité
absolue.

Solidaires, frères et égaux, d'une égalité absolue, résultant de leur identité d'origine, de fin, de moyen, et de ce qu'ils

---

(1) On ne peut comprendre de quelle manière l'homme arrive à la réalisation de l'universel qu'en connaissant la cosmogonie *fusionienne* et le
dogme de l'autre vie.

sont *un dans tous et tous dans un*, les membres de l'humanité constituent donc, à eux tous ensemble, L'UNITÉ la plus parfaite, la plus indivisible.

Enfin, tous les hommes étant SOLIDAIRES, FRÈRES, ÉGAUX et UN de l'unité la plus parfaite, ils doivent avoir la même volonté: car ayant une destinée identique et aucun ne pouvant la réaliser si tous les autres ne la réalisent, nul n'a intérêt à gêner l'accomplissement de la volonté d'autrui. Chaque individu aime et veut ce que tous aiment et veulent. Par conséquent, tous facilitent à tous l'accomplissement de la volonté commune, et chacun jouit ainsi de la plus grande LIBERTÉ possible.

De la loi *d'universalisation* découle encore le *criterium* infaillible pour distinguer le *bien* du *mal*, le *juste* de l'*injuste* dans toutes les circonstances de la vie. Ce *criterium* le voici :

Tout ce qui développe, agrandit l'homme et l'universalise conformément à sa destinée, est BIEN ; c'est le mouvement du centre à la circonférence ou de dedans en dehors.

Tout ce qui replie l'homme sur lui-même, le concentre et l'amoindrit de plus en plus, contrairement à sa destinée, est MAL ; c'est le mouvement de la circonférence au centre ou de dehors en dedans.

Il ne s'agit donc plus, dans la pratique de la vie, que d'examiner si l'on agit conformément à l'un ou à l'autre de ces mouvements pour savoir si l'on est dans le bien ou dans le mal. La vérification est facile, et chacun peut se rendre pleinement ce témoignage à soi-même; car chacun sait fort bien quand il rapporte tout à lui, en s'individualisant de plus en plus ; ou quand il rapporte tout aux autres, en s'universalisant selon sa destinée (1).

Et maintenant formulons, pour terminer, les conséquences des principes développés dans cet écrit.

DROITS, DEVOIRS ET PRÉCEPTES RÉSULTANT DE LA LOI DE LA DESTINÉE FUSIONIENNE.

A proprement parler, il n'y a pour l'homme, dans la théorie de l'*universalisation*, qu'un *droit* et un *devoir simultanés*, se confondant, d'où tous les autres dérivent.

Son *droit*, c'est d'être *heureux*.

(1) Si l'on doit juger de l'arbre par son fruit, le *fusionisme* est la plus pure et la plus parfaite des doctrines, car, de quelque côté qu'on l'envisage, on n'en peut voir sortir aucun mal; mais au contraire elle donne naissance au plus grand bien possible.

Son *devoir*, c'est de réaliser la *perfection* pour jouir du bonheur.

DROITS DE L'HOMME.

Du droit que l'homme a d'être heureux résultent :

1º Le droit de se CONSERVER dans la vie en demandant aux autres, avec lesquels il ne fait qu'un, de travailler à leur propre conservation et à la sienne, afin qu'il soit conservé en eux et qu'ils se conservent en lui ;

2º Le droit de se DÉVELOPPER en demandant aux autres d'accomplir leur propre développement et le sien, afin qu'il soit développé en eux et qu'ils se développent en lui ;

3º Le droit d'être HEUREUX en demandant aux autres de réaliser pour eux-mêmes et pour lui le bonheur, afin qu'ils soient tous heureux, lui, en eux, et eux, en lui.

DEVOIRS DE L'HOMME.

Du devoir que l'homme a de réaliser la perfection résultent :

1º Le devoir de CONSERVER les autres dans la vie, et de s'y conserver lui-même, parce qu'ainsi il les conserve en lui et se conserve en eux ;

2º Le devoir de travailler au DÉVELOPPEMENT des autres du monde extérieur et de lui-même, parce qu'ainsi il les développe en lui et se développe en eux ;

3º Le devoir de réaliser le BONHEUR des autres et le sien propre, afin de les rendre heureux en lui et d'être heureux en eux.

PRÉCEPTES FUSIONIENS.

L'homme n'a qu'un seul et unique mobile pour accomplir sa destinée, et ce mobile, c'est L'AMOUR, dont voici l'application absolue :

1º Aimer DIEU par dessus toute chose, parce que Dieu, c'est l'être des êtres, la vie de toute vie, la source unique de tout amour, et que tout est de lui, par lui, en lui et pour lui;

2º Aimer le PROCHAIN plus que soi-même, parce que l'homme est plus dans le prochain que dans lui-même ;

3º Enfin, aimer le MONDE comme soi-même, parce que le monde devient incessamment l'homme même par la loi de fusion.

www.ingramcontent.com/pod-product-compliance
Lightning Source LLC
Chambersburg PA
CBHW060744280326
41934CB00010B/2354